REFLEXIONES DE PEREGRINACIÓN

Mi Diario

CREADO PARA TI POR

TANIA MAREE HERBERT

BALBOA.PRESS

A DIVISION OF HAY HOUSE

Gráficos interiores / Crédito de arte: Tania Maree Herbert, Germán Limeres, Peter Campbell

Puede hacer pedidos de libros de Balboa Press en librerías o poniéndose en contacto con:

Balboa Press
Una División de Hay House
1663 Liberty Drive
Bloomington, IN 47403
www.balboapress.com.au
AU TFN: 1 800 844 925 (Toll Free inside Australia)
AU Local: 0283 107 086 (+61 2 8310 7086 from outside Australia)

Debido a la naturaleza dinámica de Internet, cualquier dirección web o enlace contenido en este libro puede haber cambiado desde su publicación y puede que ya no sea válido. Las opiniones expresadas en esta obra son exclusivamente del autor y no reflejan necesariamente las opiniones del editor quien, por este medio, renuncia a cualquier responsabilidad sobre ellas.

El autor de este libro no ofrece consejos de medicina ni prescribe el uso de técnicas como forma de tratamiento para el bienestar físico, emocional, o para aliviar problemas médicas sin el consejo de un médico, directamente o indirectamente. El intento del autor es solamente para ofrecer información de una manera general para ayudarle en la búsqueda de un bienestar emocional y spiritual. En caso de usar esta información en este libro, que es su derecho constitucional, el autor y el publicador no asumen ninguna responsabilidad por sus acciones.

Las personas que aparecen en las imágenes de archivo proporcionadas por Thinkstock son modelos. Este tipo de imágenes se utilizan únicamente con fines ilustrativos. Ciertas imágenes de archivo © Thinkstock.

Información sobre impresión disponible en la última página.

ISBN: 978-1-5043-0810-6 (tapa blanda)
ISBN: 978-1-5043-0811-3 (libro electrónico)

Fecha de revisión de Balboa Press: 09/14/2020

Este diario pertenece a

_____

Fecha

_____

Peregrinación

_____

Dedicatoria

Esta diario está dedicado a mi Ángel
del Camino, y a ti, Peregrino.
Buen Camino!

Introducción

He creado esta diario para tí como un lugar especial para que puedas plasmar tus experiencias de Peregrinaje.

La peregrinación te ofrece un tiempo de regalo para una reflexión personal. Te animo a reflexionar y anotar las cosas que te tocan o le hablan a tu corazón

Personalmente, yo lo he encontrado como una práctica relajante al final de cada día para reflexionar sobre todo lo que he sentido y para anotar mis pensamientos o sentimientos acerca de ellos.

A veces simplemente escribí los nombres de los lugares que visité ese día, el nombre de una comida que disfruté, o lo que alguien dijo que me hizo sonreír.

En otras ocasiones, encontré inspiración, o me di cuenta de algo por lo que tengo que estar agradecido. Es con gratitud que comparto con vosotros la semilla que germinó para crear este diario de mis peregrinaciones a Santiago de Compostela.

De regreso a casa, las páginas siguientes serán para tí una celebración de preciosos recuerdos para compartir con los demás, o para mantener tu propia reflexión personal.

Mientras te embarcas en tu travesía, te deseo un viaje agradable, cargado de experiencias maravillosas y muchos momentos de alegría y felicidad.

Deseándole lo mejor,
Tania

INSPIRACIÓN

Tu peregrinación

Antes de comenzar tu peregrinación tómate

◊ un tiempo para reflexionar sobre
◊ lo que te ha llevado a embarcarte en esta peregrinación
◊ Quién o qué te ha inspirado?
◊ Cosas interesantes sobre el destino al que viajas
◊ ¿Qué esperas recibir de esta experiencia?

Escribe aquí tus pensamientos…

Inspiración para este Pereginación...

REFLEXIONES

Conchas del peregrino

Cortesía de Germán Limeres

En tu peregrinaje diario.

En las siguientes páginas, tienes espacio para que puedas anotar tus reflexiones de la peregrinación.

Como guía, durante o al final de cada día

- ◊ - Lo que viste, oíste, saboreaste, oliste, tocaste
- ◊ - Las conversaciones que puedas haber tenido con otros
- ◊ - Los símbolos que has descubierto.
- ◊ - o algo que tal vez te haya inspirado o te haya hecho sentirte agradecido
- ◊ - Pensamientos o sentimientos que hayas tenido

Escribe las cosas que resonaron dentro de ti.
Es posible que incluso desees dibujar en estas páginas.
Este es tu espacio sagrado para tus recuerdos y tus reflexiones.
Disfruta!

Día _____ Fecha _____

Mis reflexiones …

Día _____ Fecha _____

Día _____ Fecha _____

Mis reflexiones ...

Día _____ Fecha _____

Día _____ Fecha _____

Mis reflexiones …

Día _____ Fecha _____

Mis reflexiones ...

ESPERANZA

Velas – Luz de esperanza *cortesía de Germán Limeres*

Día _____ Fecha _____

Día _____ Fecha _____

Mis reflexiones …

Día _____ Fecha _____

Día _____ Fecha _____

Mis reflexiones ...

Día _____ Fecha _____

Mis reflexiones ...

Día _____ Fecha _____

Mis reflexiones ...

Día _____ Fecha _____

Mis reflexiones …

COMPAÑEROS

Kenzo – Camino a Portamarín *cortesía de Germán Limeres*

Día _____ Fecha _____

Mis reflexiones …

Día _____ Fecha _____

Mis reflexiones ...

Día _____ Fecha _____

Día _____ Fecha _____

Día _____ Fecha _____

Día _____ Fecha _____

Mis reflexiones ...

CONFIAR

Sigue la flecha *cortesía de Germán Limeres*

Día _____ Fecha _____

Día _____ Fecha _____

Mis reflexiones ...

Día _____ Fecha _____

Día _____ Fecha _____

Mis reflexiones …

Día _____ Fecha _____

Día _____ Fecha _____

Mis reflexiones …

Día _____ Fecha _____

Mis reflexiones …

REZAR

Rosario *cortesía de Germán Limeres*

Día _____ Fecha _____

Día _____ Fecha _____

Mis reflexiones ...

Día _____ Fecha _____

Día _____ Fecha _____

Mis reflexiones ...

Día _____ Fecha _____

Mis reflexiones ...

Día _____ Fecha _____

Día _____ Fecha _____

Mis reflexiones …

FE

Fe - Jesús, en Tí confío, *cortesía de Tania Maree Herbert*

Día _____ Fecha _____

Mis reflexiones …

Día _____ Fecha _____

Mis reflexiones …

Día _____ Fecha _____

Mis reflexiones …

Día _____ Fecha _____

Mis reflexiones ...

Día _____ Fecha _____

Mis reflexiones ...

Día _____ Fecha _____

Mis reflexiones …

Día _____ Fecha _____

Mis reflexiones ...

Día _____ Fecha _____

AMABILIDAD

Ángel

Fotografía cortesía de Tania Maree Herbert

Día _____ Fecha _____

Mis reflexiones …

Día _____ Fecha _____

Mis reflexiones ...

Día _____ Fecha _____

Mis reflexiones …

Día _____ Fecha _____

Día _____ Fecha _____

FUERZA

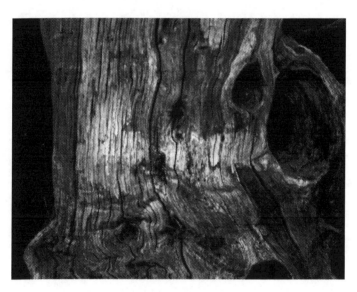

En el corazón de la naturaleza, *cortesía de Germán Limeres*

Día _____ Fecha _____

Día _____ Fecha _____

Mis reflexiones …

Día _____ Fecha _____

Día _____ Fecha _____

Día _____ Fecha _____

Mis reflexiones …

Día _____ Fecha _____

Mis reflexiones …

Día _____ Fecha _____

Mis reflexiones ...

ALEGRÍA

Encontrando el Camino *cortesía de Germán Limeres*

Las páginas siguientes te proporcionan espacio para notas, recordatorios, dibujos, contactos de personas que conociste en tu peregrinación, ideas o planes futuros.

Notas ...

Notas …

Notas …

Notas ...

Notas ...

AMOR

Amor – en las cosas simples de la vida

Fotografía de Tania Maree Herbert

Tu regreso a casa

Este espacio está disponible para anotar cualquier pensamiento adicional que puedas tener de regreso a casa, o en el futuro, mientras hojeas las páginas de este diario y recuerdas tu peregrinación.

Notas …

Notas …

Expresiones de gratitud

Al apóstol Santiago como inspirador en el Camino de Santiago de Compostela.

A mi familia, primos, amigos, colegas, guías y mis dos "familias Camino" que han enriquecido mis peregrinaciones, Las vacaciones y viajes a través de los años - sus huellas junto a la mía, o su presencia a través de palabras de cerca y lejos, son recordados con gratitud.

Un agradecimiento especial a mi querido amigo Kaisa por el continuo "diálogo creativo y el espacio colaborativo" que vió en esté diario.

Un agradecimiento especial a mis amigos Germán y Peter por sus contribuciones fotográficas

Gracias al maravilloso personal de Balboa Press. Me siento agradecida.

Deseándote siempre lo mejor,
Tania

Créditos de fotografía

Foto de portada - cortesía de Germán Limeres smilesonthecamino.com

'El Camino' cortesía de Peter Campbell petercambell. zenfolio.com

Conchas del peregrino, Velas – Luz de esperanza, Kenzo – Camino a Portomarín, Rosario, Sigue la flecha, y En el corazón de la naturaleza - cortesía de Germán Limeres smilesonthecamino.com

Ángel, Fe – Jesús, en Tí confío, Amor – en las cosas simples de la vida, son obra propia de la autora, Tania Maree Herbert